CARN

La boxe éducative

Olivier Lhote

Illustrations de Michel Diament

MILAN

Comment utiliser ton carnet

Ton carnet a été conçu pour que tu puisses t'en servir facilement : grâce à son petit format, tu peux le glisser dans ta poche ou dans ton sac, et l'avoir ainsi avec toi dans ta chambre, ou à l'entraînement.

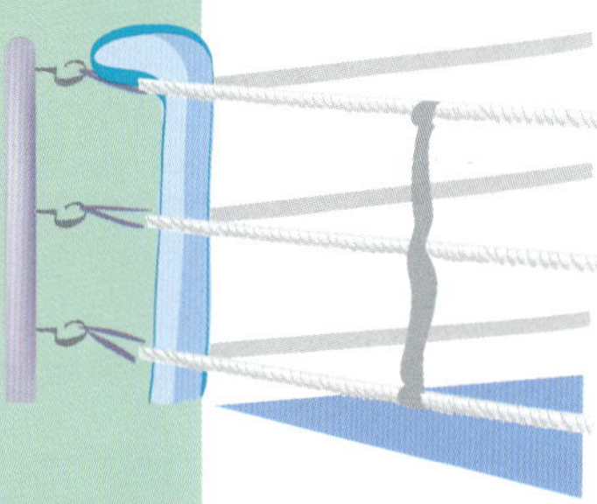

12 CARNETS DU SPO

Le jeu de l'assaut

En boxe éducative, tu ne feras pas de match de bo
mais des assauts. Les coups puissants sont inter
on dit qu'ils sont donnés sans engager l'épaule. La bo
éducative est avant tout un jeu sportif.

Tu seras noté sur :
- ton aisance dans tes déplacements,
- ton intelligence de la situation,
- ton habileté à ne pas prendre les coups,
- le contrôle et le respect de l'adversaire,
- la préparation de ton attaque,
- ta sortie après l'échange de coups,
- et enfin ton fair-play.

Le vainqueur est celui qui se montre supérieur dar
chaque échange.

HISTOIRE MATÉRIEL RÈG

Les photographies te servent de support pour bien visualiser le geste technique.

Sommaire

Grâce à ce carnet, tu découvriras que la boxe ne se résume pas à un affrontement violent comme nous le montre quelquefois la télévision. La boxe éducative, mise en place par la FFB, t'offre d'acquérir et de maîtriser les gestes du boxeur en écartant le risque du coup dur.

LA BOXE

rofessionnels et amateurs

›ur déterminer le vainqueur
un combat (sauf K.-O. ou arrêt
l'arbitre), en boxe
ofessionnelle, les juges
mptabilisent
s coups arrivés
r les surfaces
torisées.
hez les amateurs,
aque boxeur
bute la reprise
ec 20 points
perd 1 point toutes
s 3 touches reçues.

a tactique

:st aussi important de songer
ı tactique, c'est-à-dire tout ce
e tu vas mettre en œuvre pour
:lencher le coup. La tactique englobe
façon de deviner les intentions de ton adversaire, de le feinter,
le gêner mais aussi de déjouer ses ruses, de te placer, etc.

ontrôle de l'adversaire par le poing avant

bras avant (gauche ou droit selon ta garde) a beaucoup de travail.
:e permet de contrôler ta distance et de prendre des repères.
Grâce à lui, tu gênes ton adversaire
et tu l'empêches de s'organiser.
Tu prépares également ton
attaque et tu peux neutraliser
l'attaque adverse.

Info plus
Comment réussir
ce travail ?
Par un balayage
au niveau du visage
de l'adversaire
et en donnant
des amorces de coups.

:HNIQUE INFOS INDEX

Les encadrés te donnent des indications générales mais aussi des informations supplémentaires.

Les jeux sportifs contenus dans ce livre et présentés en salle par ton professeur t'aideront à contrôler tes émotions, assurer tes déplacements, développer ton habileté à éviter les coups, préparer tes attaques, sortir d'un échange... Autant de techniques et de tactiques qui raviront les amoureux de la boxe comme toi.

Un découpage en couleurs, situé en bas de page, t'indique aussitôt dans quelle partie du carnet tu te trouves.

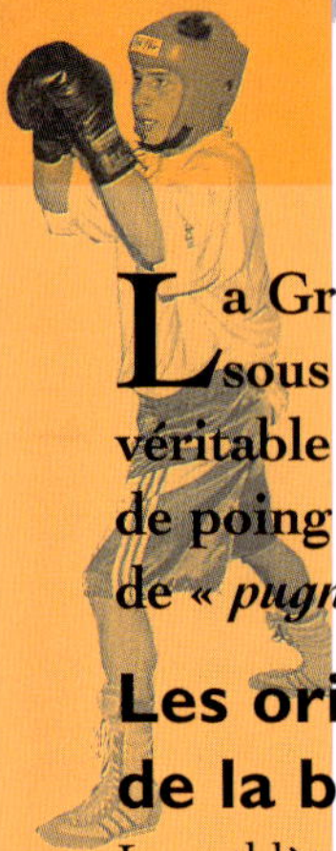

Un peu d'histoire

La Grèce antique connaît déjà la boxe sous le nom de « pugilat ». Mais son véritable ancêtre est une lutte à coups de poing appelée « *pugmachia* », de « *pugnus* », le poing.

Pugiliste au repos

Les origines de la boxe

Les athlètes s'entourent les mains de bandelettes de cuir d'environ 1,50 m de long. Ce sont les « cestes », ancêtres des gants. Plus tard, des têtes de plomb orneront les bandes.

Un sport oublié

La boxe tombe ensuite dans l'oubli pendant plusieurs siècles et ressurgit en Angleterre au XVIIe siècle.

Les spectateurs misent des sommes d'argent sur les boxeurs. Beaucoup plus tard, sous Louis XV, la boxe arrive en France. Et notre premier boxeur à participer à un championnat mondial s'appelle « Petit » bien qu'il mesure 2 m. Il perdra son combat contre un Irlandais.

Combat de rue (gravure du XIXe siècle)

La boxe éducative

Si la boxe existe depuis des siècles, la boxe éducative n'a que 30 ans. Elle est l'œuvre de Jean Letessier (directeur technique national en 1970) qui proposa une pratique sans risque pour les jeunes de 11 à 17 ans. La boxe s'adresse aux enfants de 8 à 16 ans, mais la compétition débute à 11 ans.

Mohammed Ali, triple champion du monde

Marcel Cerdan devint champion du monde des poids moyens en 1948.

Les champions

Il faut attendre Georges Carpentier, né en 1894, pour que la France détienne un titre mondial, celui des mi-lourds. De nombreux boxeurs français se sont illustrés par leur talent tels Marcel Cerdan et, plus récemment, Jean-Claude Bouttier, Louis Acariès, les frères Tiozzo... De Jack Dempsey à Mike Tyson en passant par Mohammed Ali, il est difficile de citer la totalité des grands noms de la boxe internationale.

Présentation et équipement

La boxe éducative est très différente de la boxe amateur car elle est avant tout un jeu. Tu ne disputes pas un combat de boxe mais un assaut.

Info plus

**Pour gagner, tu dois toucher ton adversaire sans chercher à faire mal.
Les juges noteront essentiellement ton comportement général. Le K.-O. (knock-out) et la recherche du K.-O. sont strictement interdits.**

Les 6 règles de la boxe anglaise

1. Tu touches avec l'avant du poing uniquement.
2. Tu touches seulement les surfaces autorisées.
3. Tu boxes pendant 3 reprises (de 1 min chacune si tu débutes) et tu te reposes 1 min entre chaque reprise.
4. Tu boxes dans un ring.
5. Tu ne pousses pas, tu ne tires pas ton adversaire.
6. Tu n'as pas le droit de te retourner. La boxe est un face-à-face.

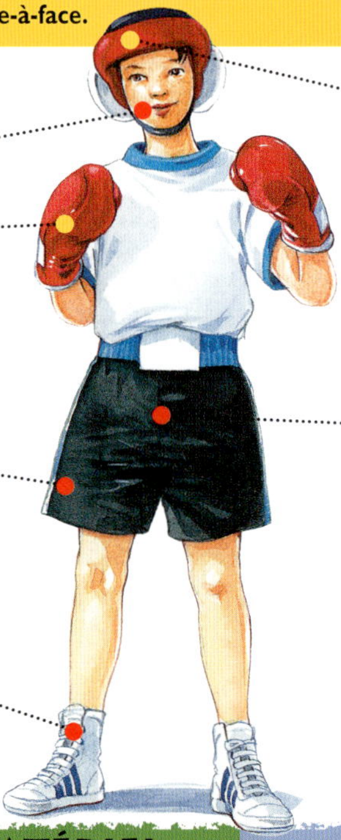

Le ring

Il est toujours carré. Il mesure entre 4,90 m et 6,10 m de côté. Deux coins sont neutres. Tu t'installeras avec ton entraîneur dans le coin rouge ou le coin bleu que tu rejoindras à chaque minute de repos. Certains rings possèdent 3 cordes, d'autres, 4 cordes. Les poteaux sont toujours recouverts de protections en mousse.

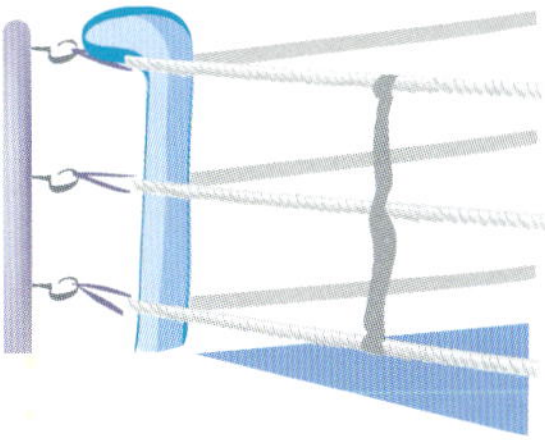

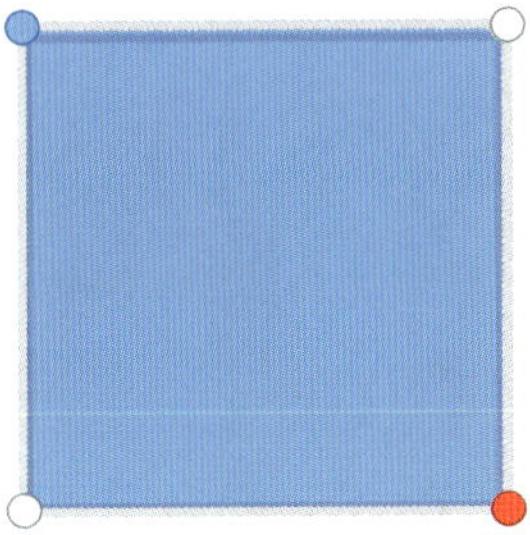

Les appareils

Un sac de frappe alourdi par une poche de sable et bourré de chutes de cuir pour rester souple sous les coups. S'il n'y avait que du sable dans le sac, tu te casserais les mains.

Cette pendule est appelée « thème ». L'aiguille fait un tour en 4 min. Sur le 1, c'est le début de l'assaut, sur le 3, la fin. C'est-à-dire 3 min de boxe et 1 min de repos.

Un miroir barré d'un long Scotch en son milieu.

Une poire, ou punching-ball, remplie de grains de maïs.

Les cordes à sauter en cuir présentent l'avantage d'être plus lourdes et de tourner plus vite. Certaines possèdent même un compte-tours.

La première mise de gants

Un gant de qualité possède un bourrelet qui protège ton pouce, une barre à saisir pour mieux fermer le poing et une protection intérieure pour « chasser » les coups.

Le bandage

Il est le même que chez le docteur quand tu te blesses. Il est important de protéger les nombreux petits os de ta main : les « métacarpes ». Ton professeur te montrera comment faire.

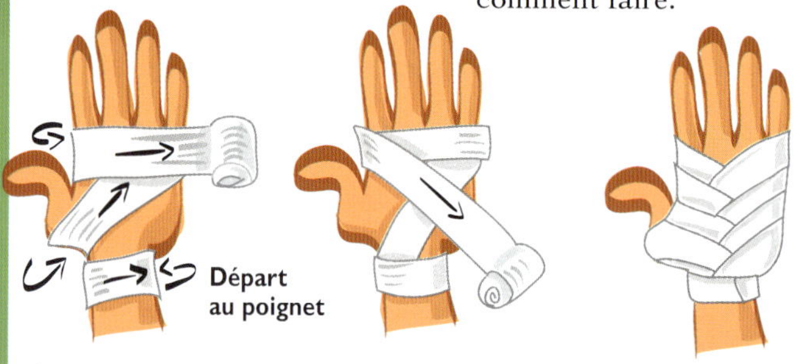

Le bandage en épi évite aux bandes de glisser.

Les gants

Les gants de boxe possèdent en général des lacets, mais les gants d'entraînement s'attachent aussi avec des Velcro. Lorsque tu attacheras les gants de tes copains, souviens-toi que le nœud final doit se trouver au-dessus du poignet. Dans le cas inverse, tu risquerais de te blesser le visage avec la rosette.

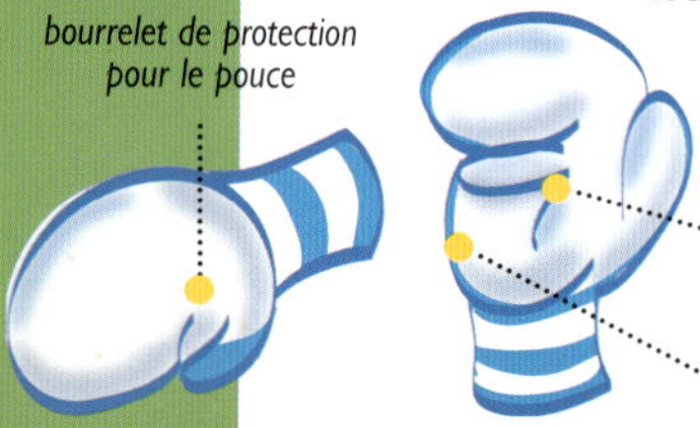

Le poids des gants

Il existe des gants de différents poids donnés en une mesure anglaise : « l'once ». Un gant de 10 oz ou 10 onces pèse à peu près 283 g.

Petit truc

Imagine qu'un élastique est attaché à ton épaule et à ton gant. Quand tu déclenches un coup, ton poing doit revenir le plus vite possible en place (comme sous la tension de l'élastique imaginaire). De cette façon, tu seras toujours en garde.

La garde

En levant tes poings devant ton visage, tu te protèges des touches. L'un de tes 2 poings est en avant. Si c'est le gauche, tu es droitier, et inversement. Il n'existe pas une garde type, chaque boxeur a ses habitudes, mais tu dois te souvenir de toujours rentrer le menton et de laisser tes poings à hauteur de visage.

Chacun son tour...

En boxe, on frappe un bras après l'autre. Jamais les 2 en même temps. C'est quelquefois difficile au début.

Déplacements et appuis

Pour se mettre à bonne distance avant de déclencher un coup, pour feinter, pour préparer son attaque ou encore pour se soustraire aux coups, il faut se déplacer.

Info plus

Tu peux te déplacer dans toutes les directions à condition de ne jamais te retourner. N'oublie pas que ton adversaire se déplace également et qu'il faudra aussi lui couper la route.

Déplacement d'un seul appui pour esquiver un direct

C'est le célèbre jeu de jambes des boxeurs. En boxant, tu bouges sans jamais rapprocher tes pieds afin de garder un bon équilibre en toutes circonstances. Il ne faut pas non plus trop écarter les jambes. Il existe une règle simple : l'écartement de tes jambes correspond sensiblement à celui de tes épaules.

Le placement

En te déplaçant, tu essaies de te « placer », c'est-à-dire de trouver le meilleur angle d'attaque. Ensuite, tu peux frapper.

Info plus

En boxant, le poids de ton corps repose en général sur ta jambe arrière (pour t'éviter d'être emporté par tes coups). Mais, selon les coups, cette règle peut varier.

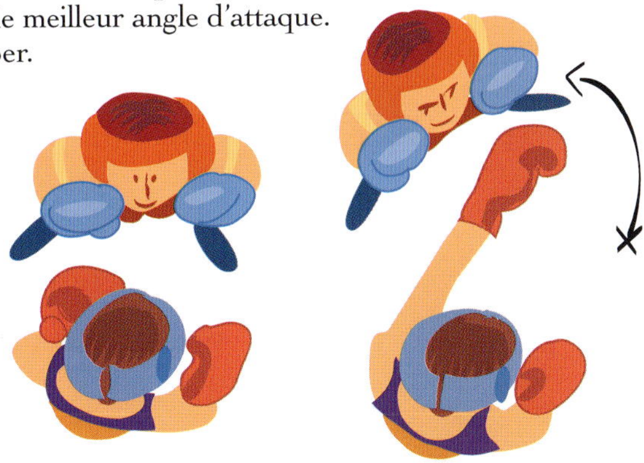

Voici les règles d'un jeu amusant

Place-toi en garde face à un autre boxeur. Tu lui fais face, mais lui, ne doit jamais être face à toi, il se décale systématiquement (un peu comme 2 aimants qui se repoussent). Profite de ce jeu de déplacement pour mettre au point des ruses et les tester.

Le shadow

Ça veut dire ombre en anglais. Après un bon échauffement, tu peux boxer contre un boxeur imaginaire. De cette façon, tu travailles tes déplacements et tes coups. C'est du shadow, tu boxes contre une ombre.

Les bonnes habitudes dès le début

Quel que soit l'exercice demandé, par exemple du saut à la corde ou du déplacement, pense à rentrer ton menton sur ta poitrine. Quand l'habitude sera prise, tu seras toujours mieux protégé. Les coups au menton sont redoutables.

Le jeu de l'assaut

En boxe éducative, tu ne feras pas de match de boxe mais des assauts. Les coups puissants sont interdits, on dit qu'ils sont donnés sans engager l'épaule. La boxe éducative est avant tout un jeu sportif.

Tu seras noté sur :

- ton aisance dans tes déplacements,
- ton intelligence de la situation,
- ton habileté à ne pas prendre les coups,
- le contrôle et le respect de l'adversaire,
- la préparation de ton attaque,
- ta sortie après l'échange de coups,
- et enfin ton fair-play.

Le vainqueur est celui qui se montre supérieur dans chaque échange.

Professionnels et amateurs

**Pour déterminer le vainqueur d'un combat (sauf K.-O. ou arrêt de l'arbitre), en boxe professionnelle, les juges comptabilisent les coups arrivés sur les surfaces autorisées.
Chez les amateurs, chaque boxeur débute la reprise avec 20 points et perd 1 point toutes les 3 touches reçues.**

La tactique

Il est aussi important de songer à la tactique, c'est-à-dire tout ce que tu vas mettre en œuvre pour déclencher le coup. La tactique englobe ta façon de deviner les intentions de ton adversaire, de le feinter, de le gêner mais aussi de déjouer ses ruses, de te placer, etc.

Contrôle de l'adversaire par le poing avant

Le bras avant (gauche ou droit selon ta garde) a beaucoup de travail. Il te permet de contrôler ta distance et de prendre des repères. Grâce à lui, tu gênes ton adversaire et tu l'empêches de s'organiser. Tu prépares également ton attaque et tu peux neutraliser l'attaque adverse.

Info plus

Comment réussir ce travail ?
Par un balayage au niveau du visage de l'adversaire et en donnant des amorces de coups.

Le travail aux instruments

Les instruments de frappe sont les éléments indispensables à tout entraînement.

Le sac de frappe

Pour travailler au sac, tu devras enfiler une autre paire de gants : les gants de sac. Ils sont plus petits et moins épais que les gants de boxe. Leur seul rôle est de protéger tes mains et non plus le visage du boxeur adverse. Garde tes bandes pour frapper au sac.

Info plus

Tu peux travailler au sac :
- pour répéter et perfectionner un geste technique ;
- pour travailler des enchaînements de coups et ta rapidité ;
- en détente, sans frapper fort, mais en boxant plusieurs minutes ;
- pour frapper fort (c'est mieux que sur les copains).

Exercice de frappe et de mobilité

Dans l'exercice ci-dessous, ton professeur tient le sac. Il le déplace tantôt vers la gauche, tantôt vers la droite. Tu dois contourner une chaise avant de rejoindre le sac et frapper. Cet exercice te rapproche de la réalité de l'assaut où l'adversaire ne reste pas en place. Ici, tu travailles tes jambes et ta frappe.

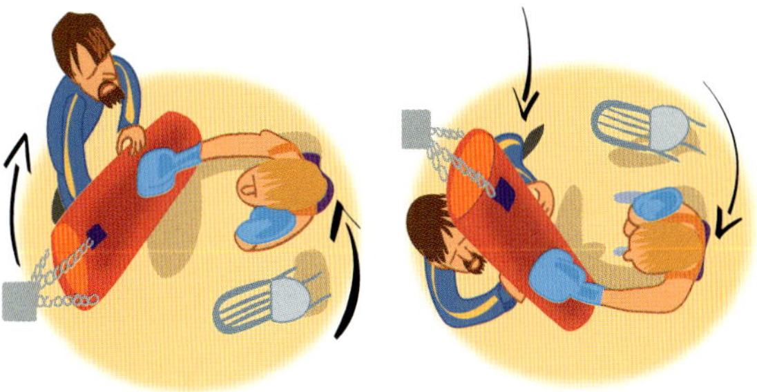

La poire ou le punching-ball

Ils t'obligent à travailler vite et avec beaucoup de précision contrairement au sac. La poire est donc complémentaire du sac. Tu ne boxeras pas en force mais plus en vitesse.

La planche à frapper

C'est une mousse épaisse et dure, fixée au mur. Contrairement au sac, elle ne bouge pas. Elle permet donc un travail en force et en vitesse, sans déplacement. Ce qui est très utile pour un travail « cardiaque » (muscler ton cœur). Toutefois, ce type de travail n'est pas recommandé pour les enfants. Tu devras attendre d'avoir 16 ou 17 ans.

Les autres instruments

Dans les salles, tu trouveras souvent un miroir barré d'un long Scotch dans sa longueur, des cordes à sauter et des médecine-balls.

Le miroir barré

Grâce à ce système ingénieux, tu prends l'habitude de « désaxer » en donnant des coups. En faisant du shadow devant la glace, tes coups arrivent sur le Scotch (qui symbolise le boxeur) mais ton visage n'est jamais face au ruban collant (c'est-à-dire que tu n'es pas face aux coups). En somme, tu donnes des coups sans en recevoir.

La corde

C'est très bon pour le cœur et pour le jeu de jambes. Prends l'habitude de sauter pour te détendre après chaque assaut. En boxe, on saute d'un pied sur l'autre en décollant à peine du sol.

Petit truc

Lorsque tu apprendras à sauter, tu risques de souvent te prendre les pieds dans la corde. Pour débuter et saisir le rythme, tu peux sauter avec une corde dans chaque main. Après tout, l'essentiel, c'est d'améliorer ta condition physique.

Travail au médecine-ball

Il existe des ballons appelés « médecine-balls » que tu as peut-être déjà utilisés en cours de gymnastique à l'école. Ton professeur te montrera qu'on peut les lancer de la même façon que l'on déclenche un direct ou un uppercut.

Travail du direct

Place-toi en garde tout en tenant le médecine-ball, puis lance-le droit devant comme un direct et reviens aussitôt en garde.
Le boxeur qui réceptionne le ballon doit attendre en garde. Son tour venu, il relance le ballon. Travaille le direct gauche puis droit.

Travail de l'uppercut

Travaille l'uppercut en lançant le ballon vers ton équipier. Tu peux procéder à un enchaînement une fois le ballon lancé. Par exemple : uppercut droit (jet de ballon) puis crochet gauche, crochet droit et retour en garde pour recevoir le ballon qui symbolise la contre-attaque.

Les fondamentaux

Il existe 3 coups différents pouvant être donnés à la face ou au corps par chacun des 2 bras (les poings étant toujours bien fermés même si tu ne frappes pas) : le direct du bras avant ou arrière, le crochet gauche ou droit et l'uppercut gauche ou droit.

Le direct

C'est un coup donné à distance. Le poids du corps repose sur la jambe arrière. Le coup arrive bras tendu. Le poing tourne d'un quart de tour en fin de course, on dit que le coup est « vissé ».

Le direct du bras arrière

Il est souvent puissant. Tu déclencheras par exemple un direct du droit après avoir vérifié ta distance grâce à des directs du gauche plus légers.

Pour les 2 directs, la poussée vient de ta jambe arrière. Exemple de direct du bras avant puis du bras arrière. Chez un boxeur gaucher, la jambe gauche est légèrement en avant.

Les crochets

Ce sont des coups circulaires. Ici aussi la réussite vient des appuis. Un crochet efficace est le résultat d'une chaîne. Ton pied pivote. Il fait tourner tes hanches qui entraînent ton buste puis tes épaules et enfin le bras. Le poids du corps passe d'un pied vers l'autre. Le crochet se travaille à mi-distance (après un direct par exemple).

L'uppercut

C'est probablement le coup le plus difficile à réaliser. Comme son nom anglais l'indique, il part du bas vers le haut. Il demande beaucoup de patience et d'entraînement. La puissance part du pied et c'est le corps entier qui vrille pour libérer le poing. L'uppercut se donne plus facilement au corps à corps. Le poids du corps repose sur la jambe gauche pour un uppercut du gauche et inversement.

Tu peux également déclencher un coup au corps pour passer de « distance à mi-distance ». Pour cela, tu plieras tes genoux de façon à abaisser ton corps et à rester en garde. Tu prendras également soin de te désaxer.

Les parades et les esquives

Pour ne pas perdre ton assaut et pour rester lucide en boxant, évite de te faire toucher trop souvent. Pour cela, tu peux esquiver, bloquer ou chasser les coups.

Les parades bloquées

Si tu es bien en garde, la plus simple des parades face à un direct est la parade bloquée. Il suffit de tenir fermement ton poing arrière devant ton visage et de l'ouvrir pour bloquer le coup dans ta paume, de la même façon qu'un joueur de base-ball rattrape une balle dans son gant. Tes coudes te serviront également à bloquer les crochets au corps.

La parade chassée

C'est une variante qui te permet de dévier le coup. Ta main droite pousse le bras adverse vers l'intérieur au moment de l'impact. Ensuite ton bras revient vite en garde. Tu peux procéder de la même façon avec ton coude pour chasser un direct au corps.

Les esquives

Une autre solution consiste à éviter les coups. Chaque type de coup possède son esquive.
Direct : esquive latérale ou retrait.
Crochet : esquive rotative.
Uppercut : retrait du buste sur un uppercut à la face sinon parade bloquée au corps.

L'esquive latérale

Penche-toi légèrement sur le côté. Pour éviter le direct du gauche, penche-toi à gauche, et inversement. Ainsi tu seras toujours « extérieur » aux coups.

L'esquive rotative

Tu dois juste fléchir les genoux et passer sous le bras de l'adversaire. Tu te retrouves là encore à l'extérieur. Lorsque tu feras une esquive, tu penseras à toujours rester bien en garde.

Le retrait

Au choix, tu peux reculer ton buste, c'est un retrait partiel, ou te déplacer vers l'arrière, c'est un retrait total.

Remises et contre-attaques

Dès lors que tu as réussi une esquive ou une parade, tu peux contre-attaquer. Si tu réponds avec le même coup, c'est une remise ; sinon, une contre-attaque.

Un exemple

Tu esquives un direct et tu déclenches un crochet, tu viens de faire une contre-attaque.

La remise

Dans l'exemple ci-dessus, le boxeur **A** déclenche un direct du gauche à la face et le boxeur **B** bloque le coup avec son bras arrière. Ci-dessous, il riposte avec un direct du gauche à son tour : il effectue une remise.

La contre-attaque se fait toujours en 2 temps :

1er temps : tu neutralises l'attaque ;
2e temps : tu contre-attaques.

Ici, le boxeur **B** chasse le direct du gauche et, dans un 2e temps, répond par un crochet du gauche à la face.

Voici l'exemple d'une esquive suivie d'une remise :

1er temps : le boxeur **A** déclenche un crochet gauche à la face et le boxeur **B** l'esquive.

Pour travailler

Entraîne-toi à esquiver sur des coups lents. En revanche ta réponse doit être explosive.

2e temps : le boxeur **B** riposte par un crochet du droit à la face.

Contres et anticipation

Si tu es très rapide, tu peux déclencher ton attaque en même temps que l'attaque adverse. Ton coup part juste après celui du boxeur, mais doit arriver avant. C'est un contre. Le boxeur est touché alors qu'il est en mauvaise posture.

B

Ici tout se fait en un temps

1er temps : coup adverse et, dans le même temps, tu contres. Le boxeur **B** contre en crochet du gauche. Le crochet droit du boxeur **A** n'aboutit pas.

Autre exemple de contre : le boxeur **B** contre avec une droite à la face sur une attaque en direct du gauche. L'action du boxeur **A** n'aboutit pas.

Voici un contre qui fait appel à un coup particulier : le cross. Le cross est un direct à la face suffisamment plongeant pour passer par-dessus le bras adverse et venir toucher la face du boxeur.

Info plus

En attendant d'être très rapide et de contrer tes adversaires, tu peux d'ores et déjà être malin et inciter le boxeur à déclencher une attaque lorsque tu le désires. Tu pourras alors plus facilement le contrer puisque tu ne seras pas surpris par son attaque.

L'anticipation

Pour réussir les contres, il faut essayer de prévoir les intentions de ton adversaire. C'est ce qu'on appelle « l'anticipation ». Les boxeurs de haut niveau travaillent énormément l'anticipation.

Par des feintes et en faisant croire que tu vas « déclencher », tu incites l'adversaire à donner un coup : c'est à ce moment que tu peux contrer.

Dans l'exemple ci-contre, le boxeur désaxe pour éviter un direct du gauche à la face et il contre par un direct plongeant à la face.

Les enchaînements

Lorsque tu auras bien assimilé les coups fondamentaux, ton professeur t'apprendra à les enchaîner de façon logique. Si ton adversaire esquive le 1er coup, tu parviendras peut-être à le toucher grâce à l'un des coups suivants.

Un classique

Le boxeur déclenche à la suite 2 directs du gauche à la face (**1** et **2**). Ce qui lui permet de s'assurer qu'il est à bonne distance et surtout de perturber son adversaire. Il peut alors déclencher un direct du droit à la face sans risquer de se faire contrer (**3**). Il termine sa série par un crochet du gauche à la face qui peut surprendre et faire très mal (**4**). Il peut aussi terminer par un direct du gauche (**4 bis**) à la place du crochet. Ce dernier direct offre l'avantage de remettre le boxeur en garde. N'oublie pas que l'adversaire peut avoir bloqué ou esquivé la série de coups et partir en contre-attaque. ▼

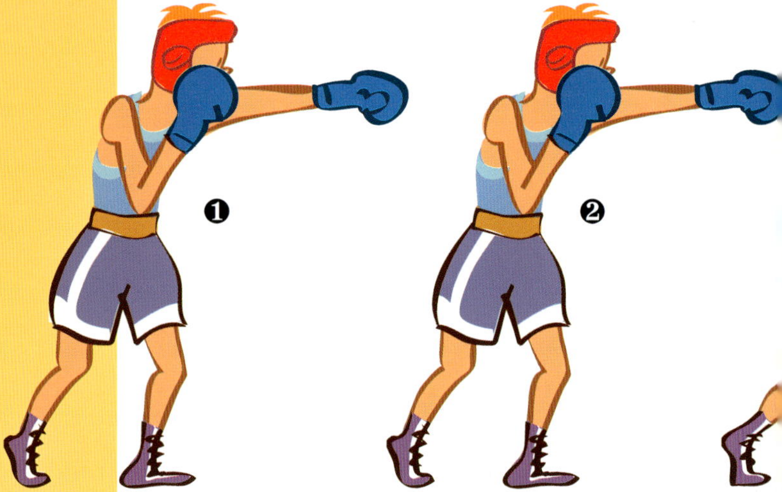

Enchaînements et tactique

Pour rendre tes enchaînements de coups plus efficaces, tu dois atteindre plusieurs surfaces de frappe différentes. De cette façon, ton adversaire sera débordé car il ne saura pas de quel côté se protéger.

Cet enchaînement est intéressant car il te permet de varier les cibles : face, corps et face droite.

▲ L'enchaînement présenté te permet de passer de distance à mi-distance. Déclenche un direct du gauche à la face (1) et enchaîne très vite sur un uppercut droit au corps (2), puis lance ton crochet court à la face (3). Cette série de coups doit être réalisée très rapidement pour éviter le contre lorsque tu passes l'uppercut. En te désaxant quelque peu sur la droite au moment du direct, tu seras en bonne posture pour déclencher l'uppercut.

Le travail de la vitesse

Il est essentiel. La vitesse est une qualité recherchée par les boxeurs. Il existe des moyens d'améliorer ta vitesse.

De quelle vitesse s'agit-il ?

Il s'agit de déclencher un coup dès que tu vois un passage possible dans la garde de l'adversaire. Ici, c'est ta vitesse de réaction que ton professeur cherchera à améliorer. Il lèvera par exemple tour à tour sa main gauche ou droite (en comptant très vite dans sa tête), et tu devras la toucher avant qu'il ne la baisse. Si tu touches à 5, il baissera la main à 4. Quand tu toucheras à 4, il baissera à 3 et ainsi de suite.

Rapidité d'enchaînement

Il faut aussi chercher à améliorer ta vitesse sur plusieurs coups. Tu dois maîtriser parfaitement les mouvements pour réussir à les exécuter de plus en plus vite. La qualité des coups prime sur la vitesse.

Changement de rythme

En déclenchant rapidement les coups, tu as plus de chance de toucher ton adversaire. Tu peux également créer la surprise par un changement de rythme. C'est-à-dire, accélérer d'un coup le rythme du combat.

Le travail de la vitesse dans le ring

Ton professeur te placera sur le ring avec un autre boxeur. Chacun répond à sa couleur. Si le professeur annonce ta couleur, tu dois déclencher un coup unique pour toucher l'adversaire. S'il annonce la couleur adverse, protège-toi, bloque ou esquive. Entre chaque annonce de couleur, tu dois observer, te déplacer et surtout te placer pour être prêt à donner ton coup.

Les gants de leçon (1 et 2) sont rembourrés au niveau de la paume pour protéger les mains du professeur. Certains ont même la forme de gants de boxe (2) pour permettre au professeur de « remettre » le coup.

Les pattes d'ours (3), sortes de plaques de mousse, amortissent bien le coup mais ne permettent pas la remise.

❶

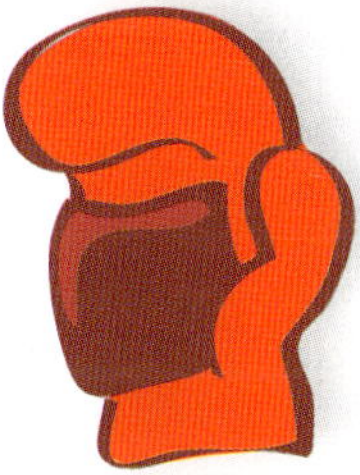

❷

❸

Le boxeur feinteur

Les techniques de coups et de parades ne suffisent pas pour être champion car ton adversaire maîtrise également ces techniques. Il faut être rusé comme un renard et appréhender la situation avec intelligence.

Championnats du monde WBA des poids coq en 1990, à Bercy

Feinter

Lorsque tu donnes l'impression que tu vas te déplacer à droite mais que tu files à gauche, tu feintes. Les feintes en boxe sont multiples car il y a toujours au moins 2 possibilités.

Je vise la face et je touche au corps, je bouge le bras gauche et je déclenche le droit, je me penche sur la gauche mais je pars à droite...

Tu trouveras vite tes propres feintes, mais en voici quelques-unes : ici, le boxeur A amorce un direct du gauche à la face sans le délivrer réellement et déclenche très rapidement un direct du droit à la face. Le boxeur B est surpris.

Round d'observation

Ton adversaire va également essayer de te feinter. Il faut donc en plus de le piéger que tu déjoues ses pièges. Pour cela, tu dois observer ton adversaire et le jauger très vite. Tu entendras parler à la télévision du « round d'observation », en d'autres termes la reprise où chaque boxeur essaye de « lire » son adversaire.

Feinte de cible
Le boxeur A amorce un direct du gauche à la face mais, avec le même bras, déclenche un direct au corps. Il a changé de cible.

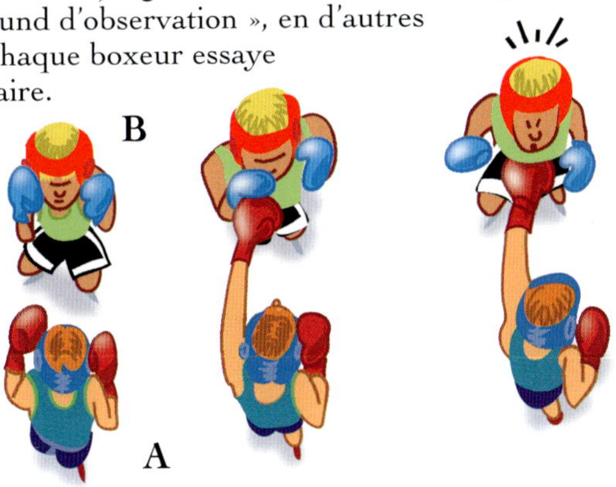

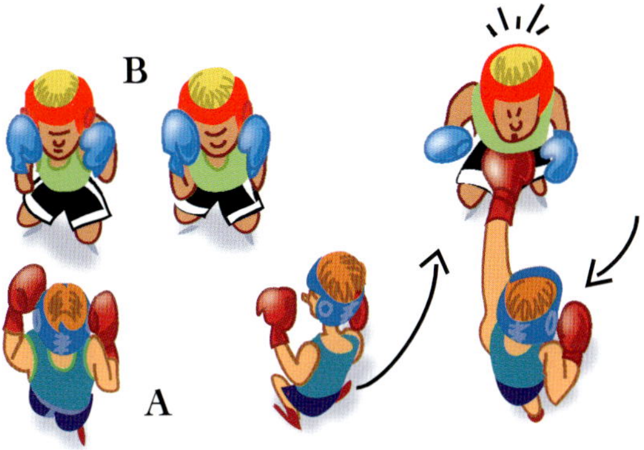

Feinte de déplacement
Le boxeur A se déplace sur la droite, mais revient aussitôt sur la gauche en déclenchant un direct du gauche, au corps ou à la face.

Feinte combinée
Tu peux bien sûr combiner les feintes. Ici, le boxeur A amorce un direct du gauche à la face, mais déclenche une droite au corps. Il y a feinte de bras et feinte de cible.

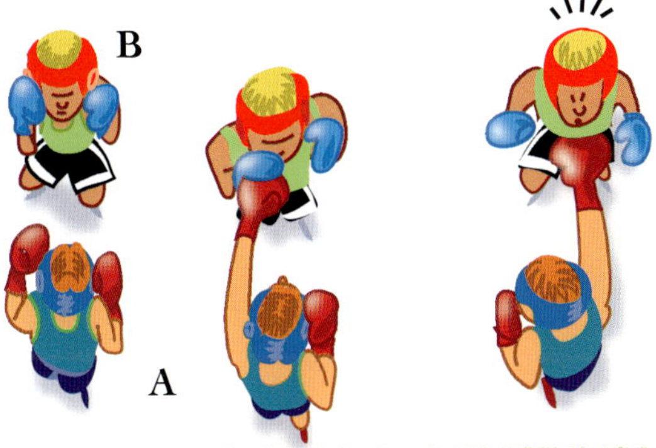

Le boxeur et le poids

Il existe en boxe des catégories qui permettent de rencontrer des boxeurs du même âge et du même poids. On change de catégorie tous les 3 kg environ.

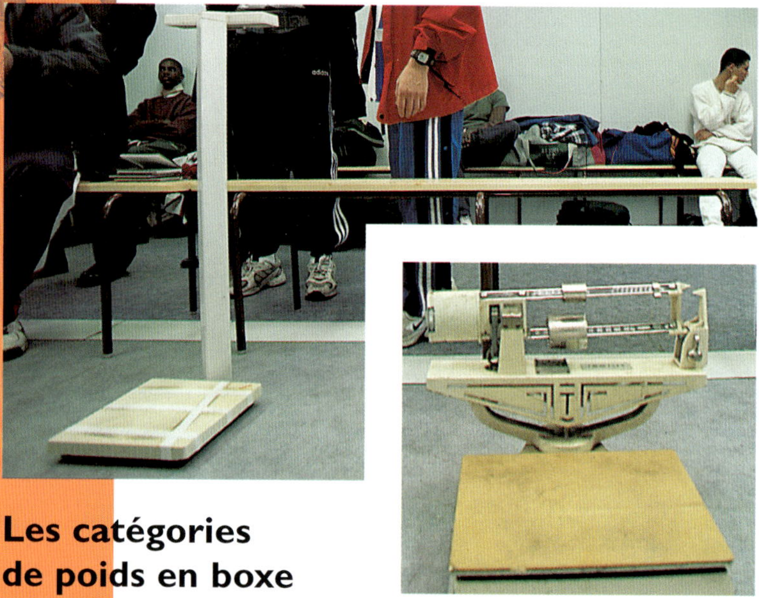

Ton professeur te pèsera après chaque entraînement.

Les catégories de poids en boxe éducative

• Groupe 1 (gants de 8 onces)
- – de 21 kg
- de 21 à 24 kg
- de 24 à 27 kg
- de 27 à 30 kg
- de 30 à 33 kg
- de 33 à 36 kg
- de 36 à 39 kg
- de 39 à 42 kg
- de 42 à 45 kg

Info plus

Si tu pèses 39,2 kg, tu peux boxer contre un adversaire de 42 kg. Seulement voilà, 3 kg de différence, c'est beaucoup.
Ici aussi, la stratégie existe et elle consiste à se retrouver le plus souvent en haut de catégorie.

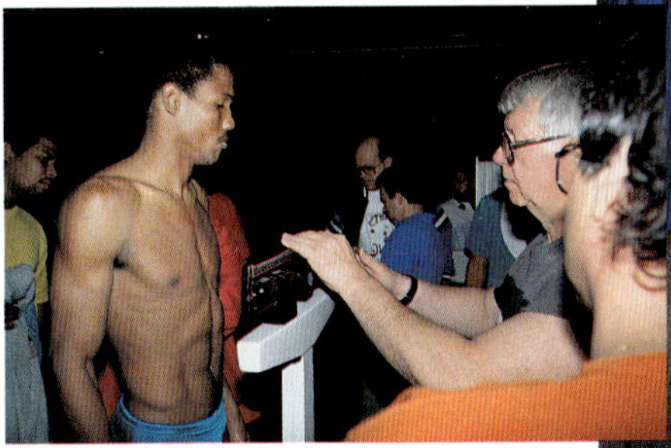

Avant chaque assaut (championnat ou gala), tu passeras à la « pesée ». Les officiels vérifieront que tu es au poids annoncé.

• **Groupe 2 (gants de 10 onces)**

mi-mouche	de 45 à 48 kg
mouche	de 48 à 51 kg
coq	de 51 à 54 kg
plume	de 54 à 57 kg
léger	de 57 à 60 kg
super-léger	de 60 à 63,5 kg
mi-moyen	de 63,5 à 67 kg
super-mi-moyen	de 67 à 71 kg
moyen	de 71 à 75 kg
mi-lourd	de 75 à 81 kg
lourd	de 81 à 91 kg
super-lourd	+ de 91 kg

Info plus

La musculation avec des haltères, même légers, est particulièrement contre-indiquée à ton âge. De plus, pour un boxeur, prendre du muscle revient à prendre du poids et à changer de catégorie.

Info plus

Le renforcement musculaire par des jeux de « médecine-ball » est ce qu'il y a de plus indiqué pour toi car il permet de travailler les muscles impliqués dans le déclenchement d'un coup. C'est en quelque sorte de la musculation utile.

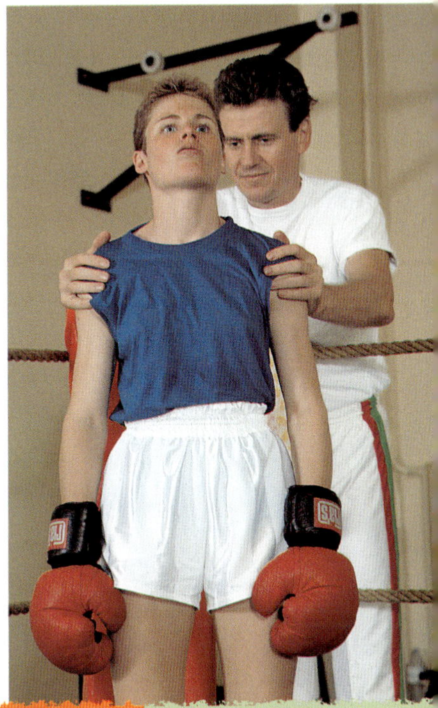

La préparation physique et mentale

La condition physique est un paramètre très important qu'il ne faut pas négliger. Tu ne peux pas utiliser ton bagage technique si tu as le souffle court.

Comment travailler ta condition physique ?

À ton âge, il faut privilégier un travail d'intensité faible mais de longue durée. Ce que tu connais sous le nom d'endurance. L'idéal : courir, nager ou faire du vélo, lentement mais le plus longtemps possible.

Petit truc

Le mot à retenir, c'est « plaisir ». Cours pour te faire plaisir, t'oxygéner. Change souvent de parcours. Tu ne dois jamais être en manque d'air ; si c'est le cas, ralentis. Qu'importe ta vitesse, seuls la régularité et ton plaisir comptent.

Stratégie

En travaillant sérieusement ta condition physique, tu peux appliquer à l'assaut un rythme très élevé (boxer vite) que ton adversaire ne pourra peut-être pas soutenir. La stratégie consiste à le fatiguer avant toi.

La préparation mentale

Le mental tient évidemment sa place dans un sport de combat. L'ambiance de ta salle d'entraînement diffère de celle que tu vas trouver lors d'une rencontre. Ton professeur t'aidera à te préparer mentalement. Contrairement aux sports collectifs, il se peut que tu sois le seul de ton club à boxer ce jour-là. Ce qui signifie : pas de copains dans les vestiaires. Il ne faut donc pas céder à la panique.

Le stress

Dans le vestiaire, les temps d'attente sont longs. Tu verras des boxeurs revenir de leur assaut. Certains auront gagné, d'autres, perdu. Tu risques à ce moment d'imaginer le mauvais déroulement de ton propre assaut : c'est le stress. Il faut absolument éviter ce dérapage de ton imagination car le stress mange tes réserves d'énergie. Tu serais fatigué trop tôt.

Avant de monter sur le ring, la concentration est au maximum.

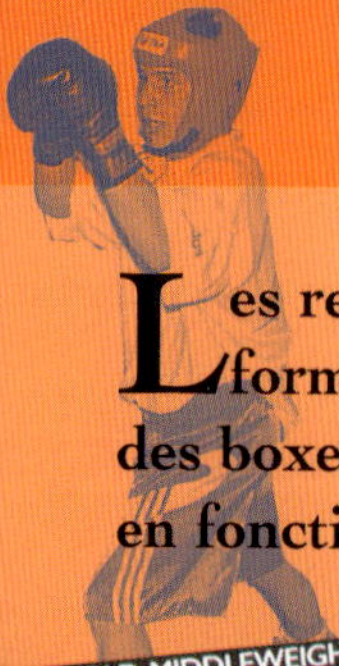

Les galas

Les rencontres hors championnat sont organisées sous forme de galas de boxe. Le club organisateur invite des boxeurs de la région et les combats se déroulent en fonction des catégories d'âge et de poids.

Le déroulement

En tête d'affiche du gala, on retrouve soit des boxeurs professionnels soit des amateurs de haut niveau. La soirée présente une douzaine de combats amateurs. Quant aux jeunes boxeurs (boxe éducative), ils boxent en début de réunion.

Impressionner l'adversaire lors des conférences de presse permet de prendre un avantage psychologique.

Des rencontres importantes

Elles permettent aux boxeurs de rencontrer un maximum d'adversaires avant les championnats. La boxe étant un sport d'opposition, il est absolument nécessaire que tu « croises les gants » avec de nombreux boxeurs pour développer ton sens tactique.

Remise en jeu d'un titre (une ceinture) : le challenger devra mener le combat.

Info plus

La pesée débute aux alentours de 18 h pour une soirée à 21 h. Tous les boxeurs sont réunis. C'est souvent là que tu découvres ton futur adversaire. Si ton adversaire ou toi-même n'êtes pas au poids, la rencontre peut être annulée. Tu passeras également devant un médecin qui donnera son accord pour l'assaut.

Le ring

Il est en hauteur et très éclairé. Ce qui peut t'amener à avoir le trac. Monter sur un ring, c'est un peu comme monter sur scène pour un comédien. Ici aussi, ta préparation mentale devra t'aider à dépasser le trac. L'entraîneur n'est admis sur le ring qu'à la minute de repos. C'est pendant cette courte minute qu'il va te donner les conseils pour gagner.

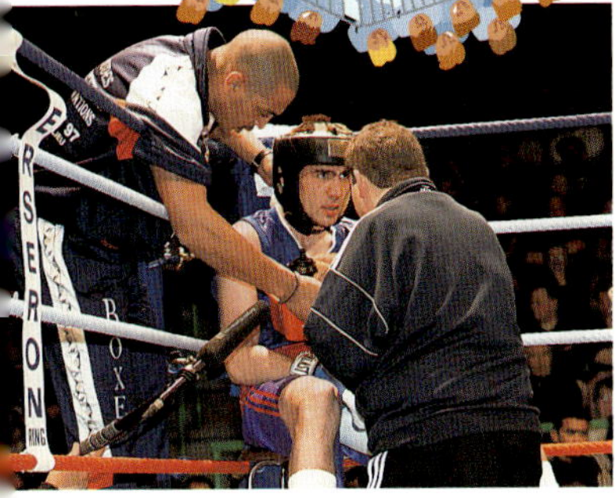

À la minute de repos, tu pourras récupérer et écouter les conseils.

Le public

Selon la nature du gala et selon les têtes d'affiche, tu risques de boxer devant un public important. Le public d'un gala de boxe est en général bruyant et généreux en conseils. La règle, pour toi, est de rester concentré et de n'écouter que ton entraîneur.

Si ton adversaire est compté par l'arbitre, rends-toi dans un coin neutre et regarde ton entraîneur, pas le public.

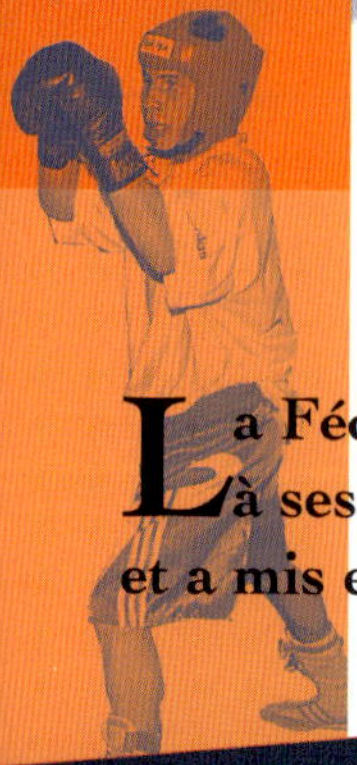

Les niveaux de pratique

La Fédération française de boxe (FFB) propose à ses adhérents de pratiquer la boxe selon leur désir et a mis en place différentes voies possibles.

Passeport fédéral délivré par la Fédération française de boxe

La licence de boxe éducative

Elle permet aux enfants à partir de 8 ans de découvrir la boxe. Les assauts sont possibles à partir de 11 ans et jusqu'à 16 ans. Toutefois, si un jeune boxeur se sent attiré très tôt par la boxe amateur, il peut changer pour une licence amateur à partir de 13 ans.

La licence de boxe amateur

Elle permet aux boxeurs de 13 à 30 ans de pratiquer en combats et de participer aux différents championnats. Chaque participation à un combat te rapporte plus ou moins de points selon qu'il a été gagné ou perdu, en championnat ou hors championnat.

La licence professionnelle

Tu dois avoir été boxeur amateur, cumulé suffisamment de points et surtout avoir participé à un championnat de France. Tu pourras plus tard t'inscrire au prestigieux tournoi de France professionnel.

La boxe féminine

Depuis quelques années, les femmes peuvent pratiquer la boxe pour le loisir et même la compétition. Il existe même depuis peu un championnat d'Europe féminin.

La boxe olympique

Les boxeurs de l'équipe de France sont avant tout boxeurs amateurs mais de très haut niveau, encadrés par des entraîneurs nationaux à l'INSEP. 2000 aura été une excellente année puisque Brahim Asloum (48 kg mi-mouche) a remporté le 1er titre olympique français depuis 1936.

Brahim Asloum

Le pôle espoir

La Fédération française de boxe a mis en place un système de détection, d'évaluation et de sélection de jeunes boxeurs cadets ou juniors. Les boxeurs retenus suivront une formation à la fois sportive et scolaire. Mais ensuite, chaque boxeur devra faire ses preuves pour être maintenu en pôle espoir ou entrer en pôle France senior.

Les métiers de la boxe

De nombreux métiers permettent, après ta carrière sportive, de garder un pied dans le sport que tu aimes.

Pour ne pas gêner et mieux observer, l'arbitre tourne dans le sens inverse des boxeurs.

Le boxeur professionnel

Quand on est boxeur, le plus beau des métiers c'est boxeur professionnel. Mais beaucoup de « boxeurs pro » ont un métier en plus de leur activité sportive.

Le promoteur

Il gère la carrière du boxeur professionnel, trouve des adversaires et négocie les contrats.

Le présentateur

Présenter les boxeurs et animer le gala, c'est aussi un métier qui réclame du talent et de la voix.

L'entraîneur

Il a suivi une formation d'instructeur puis de prévôt fédéral. Pour entraîner un boxeur professionnel, il doit être titulaire d'un brevet d'État.

Travailler les points forts la veille du combat améliore le mental du boxeur.

Le soigneur

Il joue un rôle important à la minute de repos en cas de blessure. Attention, il ne remplace pas le médecin.

Le soigneur graisse le visage du boxeur avec de la vaseline. Les coups glisseront mieux.

Les métiers au sein de la fédération

Pour te diriger dans la voie de l'enseignement sportif, il te faudra suivre une formation universitaire sportive ou encore passer un brevet d'État d'éducateur sportif spécifique boxe, degrés 1, 2 puis 3. Bien sûr, ton palmarès et ton expérience de boxeur pèseront également dans la balance.

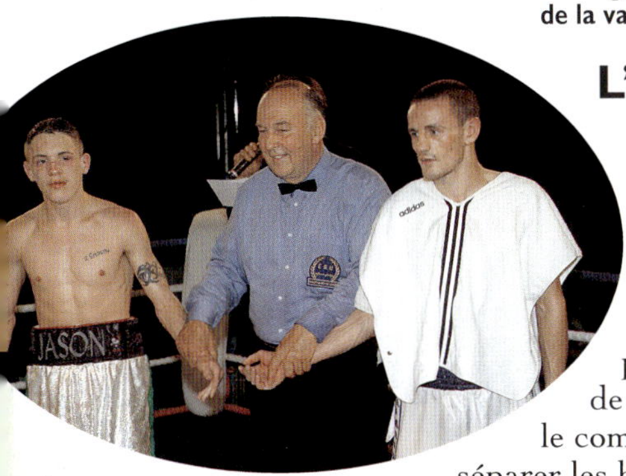

À l'annonce de la décision, l'arbitre lèvera le bras du boxeur vainqueur.

L'arbitre

Pour devenir arbitre, tu devras suivre un stage de formation pour connaître les règlements et des commandements tels que : BOXE pour permettre aux boxeurs de débuter ou de reprendre le combat ; BREAK pour séparer les boxeurs (un pas en arrière, et les boxeurs reprennent l'échange) ; STOP pour arrêter le combat (il faut un « boxe » pour relancer le combat).

Les autres métiers

D'autres professions gravitent autour de la boxe, telles que : médecin, préparateur sportif, kinésithérapeute, psychologue. Il ne faut rien négliger lorsque l'on est sportif de haut niveau et que les enjeux sont importants.

Les degrés et les fédérations

Les degrés

Ta progression est ponctuée par l'obtention de gants de couleur. Il faut être au minimum gants rouges pour participer à un assaut.

Comment obtiendras-tu tes gants ?

Les gants blancs et jaunes sont délivrés par ton professeur en fonction de ta progression technique.
Les gants rouges sont délivrés par ton professeur au cours d'un assaut sans décision (c'est-à-dire sans vainqueur ni perdant).

- Lorsque tu es gants rouges et que tu totalises 10 points*, tu passes gants bleus.
- Lorsque tu es gants bleus et que tu totalises 20 points*, tu passes gants noirs.
- Un gant rouge ne peut pas rencontrer un gant noir.

***Une victoire sur un gant de même couleur ou inférieure te donne 1 point.
Une victoire sur un gant de couleur supérieure te donne 2 points.**

Communiquer avec la Fédération française de boxe

La direction technique s'organise selon le schéma suivant :
la FFB se compose d'un comité directeur fédéral et de plusieurs comités régionaux.

Toutes les infos que tu peux rechercher et notamment les clubs de ta région se trouvent sur Minitel en composant le 3615 boxing.

La FFB possède également son site Internet que tu peux consulter à l'adresse suivante : http://www.ffboxe.asso.fr

Tu trouveras également de nombreuses informations sur la vie fédérale et la boxe internationale dans *France Boxe,* le mensuel officiel de la Fédération française de boxe (en kiosque).

Les fédérations internationales de boxe

Il existe plusieurs fédérations internationales. C'est pour cette raison que tu trouves de nombreux champions du monde.

WBA :
World Boxing Association.

WBC :
World Boxing Council.

IBF :
International Boxing Federation.

EBU :
European Boxing Union.

Glossaire

A

Anticiper : deviner l'intention adverse et agir de façon à la contrarier.
Appuis : avoir de bons appuis signifie être en équilibre. Il faut être sur ses appuis (ses pieds) pour déclencher un coup efficace. Recevoir un coup sans être sur ses appuis provoque une perte d'équilibre.
Assaut : jeu d'opposition sans recherche de frappe dure.

B

Bandage : bandes semi-élastiques enroulées pour préserver les petits os de la main : les métacarpes.
Boxe éducative : pratique sans risque réservée à l'enfant de 9 à 16 ans.

C

Cible : partie du corps que tu es autorisé à toucher (face, corps).
Combat : affrontement de 2 boxeurs. Le K.-O. est autorisé.
Contre : coup déclenché en même temps que le coup adverse mais qui touche en premier.
Contre-attaque : réponse à une attaque après parade ou esquive de cette attaque.
Corps à corps : distance entre les boxeurs réduite au maximum permettant de délivrer des coups courts (uppercut et crochet court). L'entrée en corps à corps et la sortie doivent se travailler car elles présentent toujours un danger.
Crochet : coup circulaire porté à la face ou au corps et à mi-distance.
Cross : sorte de direct plongeant qui passe par-dessus le bras adverse.

D

Déplacement : ta mobilité fait de toi une cible difficile à toucher et te permet de te placer au mieux avant de frapper.
Désaxer : déplacer son buste vers la droite ou la gauche pour s'écarter de la ligne des coups.
Direct : coup en ligne donné à distance et porté à la face ou au corps.
Distance : espace qui sépare les boxeurs. Être à distance signifie que le coup déclenché peut toucher la cible. Il faut réduire cette distance pour rentrer au corps à corps.

E

Enchaînement : série de coups donnés à la suite.
Esquive latérale : désaxe qui te permet d'éviter un direct à la face.
Esquive rotative : fléchissement des genoux et mouvement en cercle du buste permettant de passer sous un crochet.

F

Feinte : amorce de coup, de déplacement ou d'action visant à perturber le boxeur adverse.

G

Gants : en cuir souple, plus ou moins rembourrés selon le travail (sac ou assaut), ils protègent tes mains et le visage de l'adversaire.
Garde : placement de tes poings pour te protéger des attaques. Garde haute face au visage, un poing légèrement en avant. Garde basse au niveau du corps ; peu recommandée et dangereuse, elle implique d'avoir l'œil et d'être très rapide.

Gaucher (fausse garde) : si tu te sens mieux le bras droit légèrement en avant, tu es gaucher. On parle aussi de fausse garde ou « fausse patte ».

K

K.-D. : knock-down. Le boxeur est touché et met un genou à terre. Il se remet en garde. L'arbitre finit de compter jusqu'à 8 pour le laisser récupérer.

K.-O. : de l'anglais *knock* (frapper) et *out* (mettre hors de). Mise hors de combat. Après un coup sévère, si le boxeur semble inconscient, debout ou non, l'arbitre compte jusqu'à 10. Si le boxeur touché ne peut pas se remettre en garde, il est K.-O.

M

Médecine-balls : ballons de cuir de différents poids utilisés lors d'exercices physiques.

Mi-distance : espace intermédiaire entre la distance et le corps à corps. Les crochets et les uppercuts sont les armes de la mi-distance.

O

Once (ou ounce) : mesure de poids anglaise utilisée pour définir le poids des gants. Une once vaut 28,35 grammes.

P

Parade (bloquée ou chassée) : moyen de défense qui consiste à amortir le coup dans ses gants ou son bras ou encore à le dévier.

Placement : recherche du meilleur angle de frappe offrant la meilleure protection. Toutefois la prise de risque calculé est parfois nécessaire pour délivrer un coup percutant.

Punching-ball : ballon de cuir suspendu permettant un travail de vitesse.

R

Remise : réponse à un coup par le même coup après parade ou esquive.

Reprise : temps défini pendant lequel les boxeurs s'opposent. Boxer en 3 fois 2 signifie boxer pendant 3 reprises de chacune 2 minutes. Le temps de repos entre les reprises est toujours de 1 minute quelle que soit la durée des reprises.

Retrait (du buste) : déplacement du buste sans bouger les appuis pour éviter un coup.

Ring : espace délimité par les cordes, carré et mesurant de 4,90 m à 6,10 m.

Round : mot anglais pour reprise.

S

Sac de frappe : en tissu ou en cuir, il permet toutes sortes d'exercices. Essentiel en boxe.

Shadow : boxer seul, dans le vide, pour compléter l'échauffement et rentrer mentalement dans le combat futur.

Surface autorisée : en boxe, tu dois toucher uniquement la face et le buste (de face). Les coups sous la ceinture, derrière la nuque et dans le dos sont strictement interdits.

T

Tactique : ce qui est mis en œuvre pour pouvoir toucher l'adversaire, pour pouvoir utiliser sa technique.

Technique (technico-tactique) : ensemble de gestes spécifiques. Par exemple les techniques d'attaque : les coups. En réalité, technique et tactique sont inséparables : on parle de technico-tactique.

Index

Crédit photo :

Roger-Viollet : p. 4.

Presse Sport : couverture, p. 5 ; p. 8 ; p. 12 ; p. 30 ; pp. 32-33 ; p. 35 ; pp. 36-37 ; p. 39 ; pp. 40-41 ; pp. 42-43.

Illustration p. 6 : Frédéric Pillot.

Maquette : Didier Gatepaille

Loi 49.956 du 16.07.1949
Dépôt légal : 3e trimestre 2001
ISBN : 2-7459-0407-8
Imprimé en Italie par G. Canale & C. S.p.A.